Arbeiten

Bei der Arbeit verliere ich mich in Gedanken
Ich denke an all die schlechten Dinge
Ich denke an all die guten Dinge
Ich gehe herum und mache meine Listen
Ich laufe herum und bestelle den Rest
Ich warte auf Kunden
Ich höre wie die Getränke gemacht wird
ich höre wie das Geschirr heruntergebracht wird,
aber es wird kein Essen bestellt
Ich rede mit meinen Kollegen
Wir haben wieder Diskussionen und Ich spüre
langsam, wie meine Wut aufsteigt Wieso den?
Ich werde nicht respektiert
Mir werden Dinge gesagt, die unhöflich sind
Mir wurde gesagt, dass ich zu jung bin, um es zu
wissen
Ich bin zu jung, um die Dinge richtig zu machen
Ich bin zu jung, um die Schmerzen zu haben, die
ich habe
Ich bin zu jung, um eine wichtige Position zu
bekommen
Deshalb frage ich ob die mich so richtig kennen
 Weißt du, was ich durchgemacht habe?
Weißt du, warum die Bosse mir mehr vertrauen
als dir?
Weißt du, warum ich wütend auf dich bin?
Sie sehen mich an und schütteln den Kopf
Wir sprechen nicht die gleichen Sprachen
Es fällt uns schwer, einander zu verstehen aber
trotzdem sollte sie mich respektieren

Ich verdiene es, respektiert zu werden
Ich habe lange und hart um meine Position
gekämpft
Ich bin einer der Besten in dem, was ich tue
Warum also nur, weil jemand älter ist müssen sie
die Jüngeren nicht respektieren?
Sie müssen dem Verantwortlichen nicht zuhören?
Sie können tun, was sie wollen und werden nicht
gerügt
aber sobald sich ein Gast beschwert, bin ich
schuld obwohl ich mich 130 mal wiederholt habe
und ignoriert wurde
Ist es immer noch meine Schuld?
Bin ich wirklich der Schuldige?
Läuft das Leben so oder werde ich ausgetrickst?

© 2022 Candice Belote
Herstellung und Verlag: BoD – Books on Demand,
Norderstedt
ISBN: 9783756232055

Tötung

Warum ist das Töten für normale Menschen
illegal, aber für Soldaten in Ordnung?
Warum die Soldaten dazu bringen, unschuldige
Leben zu töten?
Warum sie bezahlen, als ob sie sagen würden,
dass ihre Taten in Ordnung sind? Wir als
Menschen wurden einer Gehirnwäsche
unterzogen, um zu glauben, dass alles in Ordnung
ist, solange es für die Ursachen des Krieges ist
Uns wurde beigebracht, dass unsere Regierung
Recht hat, und wir sollten sie nicht in Frage
stellen
Sie werden Ihnen sagen, dass es zum Wohle der
Allgemeinheit ist sie werden dir sagen, dass sie
unsere Feinde waren
Sie werden dir sagen, dass es für uns ist
Sie werden Ihnen sagen, dass es langfristig allen
zugute kommen wird
Sie werden Ihnen sagen, dass es Teil des
Soldatenjobs ist aber hier ist die Wahrheit die sie
vor allen verbergen
Diese Soldaten kehren nicht immer zurück
Die zurückkehrenden Soldaten sind nicht immer
gesund
einige verlorene Gliedmaßen
andere verloren ihren Verstand
manche verlieren ihre Familien und ihr Zuhause
andere können danach keinen Job finden dann
werden sie von genau den Menschen verlassen,
die sie beschützt haben

Wahrend du, dich hin liegst und friedliche
Träume hast
Ein Soldat hat sich das Leben genommen, weil die
Albträume und Dämonen sie so sehr
niedergeschlagen haben, dass sie es nicht ertragen
können
Bevor Sie also die Uniform oder die Person darin
missachten, denken Sie daran, dass Sie nichts von
dem Schmerz wissen, den sie durchmachen
Sie wissen nicht, was sie gesehen haben oder sich
jedes Mal erinnern müssen, wenn sie ihre Augen
schließen
Wir sehen ihren Schmerz nicht
wir sehen nicht, was mit ihnen passiert ist
Wir haben keine Ahnung, was wirklich passiert ist
und deshalb sind wir als Volk Teil des Problems
wir helfen ihnen nicht
Wir schauen lieber weg, als zu sehen, was das
eigentliche Problem ist
wir tun eher so, als wäre nichts falsch
Wir reißen lieber genau die Menschen nieder,
denen wir mit unserem Leben danken, als zu
helfen
Deshalb werden die Menschen für immer das
Problem sein

Langeweile

Während ich stehe und darauf warte, dass etwas
zu tun ist Ich denke an verschiedene Gedanken
Manche Gedanken sind schön andere störend
Ich rede mit meinen Kollegen
Ich rede mit meinen Chefs
Ich höre Musik, von alle verschiedene Genres
Ich schreibe Gedichte und Geschichten
Ich geh und helfe wo gerade was zu tun ist
Egal wo man helfen soll oder kann
Ich versuche, mich zu beschäftigen, bevor ich
verrückt werde
Um so weniger zu tun ist, um so mehr muss ich
nach denken
So kommen die dunkle Gedanken in den Sinn
Ich sehe meinen Kollegen an und ich fange an,
ihr von diesen Gedanken zu erzählen
Sie sieht mich erschrocken an und Sie geht um so
schneller von mir weg
Langsam sehe ich, dass mein Dämon
herauskommt
Das ist wann ich beschließe, es aufzuschreiben
Um meine Kollegen und meine armen, aber
ebenso verstörten Leser zu quälen
Manchmal denken meiner Leser genau an des was
ich denke
Manche verstehen mich und helfen mir dabei,
diese Gedanken los zu werden
Manche wüssten nicht das ihre dunkele Gedanken
können sich zu anderen binden
Aber nur weil die Gedanke dunkel ist heißt des

lange nicht das es falsch ist
Es ist nur falsch sich tief rein zu stürzen
Es ist nur falsch lange darüber zu denken und sich
selbst verlieren
Lass niemals deine Gedanken über dich herrschen
Lass dein Geist frei und deine Gefühle dich dahin
führen wo du gehörst
So lange Mann was fühlt ist Mann ein Mensch
Mann hört auf ein Mensch zu sein sobald Mann
nichts mehr für sein Mitmenschen fühlt.

Die Gedanken, die mich nachts wach halten

Warum lügen Menschen?
Warum haben sie das Bedürfnis, andere zu
verletzen, aber nicht zu heilen? Warum reißen sich
Menschen so leicht gegenseitig nieder, haben aber
keine Ahnung, wie sie sie aufbauen sollen?
Warum wird uns als Kind gesagt, dass Lügen
nicht in Ordnung ist, aber als Erwachsener ist es
normal?
Warum machen Menschen immer die gleichen
Fehler, haben aber kein Bedürfnis, sich zu ändern
oder daraus zu lernen?
Warum fühlen sich Menschen immer in Ordnung,
unhöflich und gemein zu sein, finden es aber nicht
nötig, nett oder fürsorglich zu sein?
Warum sagen sie manchen, dass sie in die Hölle
kommen werden, obwohl sie sie nicht kennen?
Wann wurde es normal, jemanden wegen seines
Gewichts im publik was zu sagen?
Wann wurde es normal, jemandem zu sagen, dass
er wegen seiner Größe nicht irgendwo sein kann?
Seit wann dürfen nur dünne oder muskulöse
Menschen ins Fitnessstudio?
Wann war es in Ordnung, jemandem zu sagen,
dass er etwas essen kann oder nicht?
Wie kommt es, dass niemand sagt, du warst heute
großartig?
Wann haben wir aufgehört, Fremde anzulächeln
und zu hoffen, dass sie einen tollen Tag haben?
Wann haben wir aufgehört, anderen einen

gesegneten Tag zu wünschen?
Ist den Menschen klar, dass es für alle Religionen
gilt, jemandem einen gesegneten Tag zu
wünschen?
Was bringt es, in einer Welt zu leben, in der sich
niemand darum kümmert und das Glück an der
Menge an Geld gemessen wird, die man verdient?
Warum weiter versuchen, wenn alles sinnlos ist?
Was ist der wahre Sinn des Lebens und der Liebe?
Warum können Menschen niemals glücklich sein?
Warum müssen sie alles zerstören, ohne darüber
nachzudenken, und wenn sie es tun, merken sie
nicht, dass es bereits zu spät ist?
Ich denke an all den Müll in den Ozeanen
Ich denke an all das Wasser, das langsam von der
Erdoberfläche verschwindet Ich denke an all die
Hungernden
Alle Obdachlosen
All die Leute, die an mir vorbeigehen, aber nie
lächeln
Ich denke an all die Male, in denen ich mir
wünschte, jemand hätte mir einen tollen Tag
gewünscht oder mich sogar ein wenig angelächelt
Wenn sie das getan hätten, wäre mein Tag sicher
besser gewesen
Ich denke, es ist an der Zeit, dass wir den
Menschen um uns herum mehr Aufmerksamkeit
schenken
Wir müssen anfangen, uns umeinander zu
kümmern und uns besser um unseren Planeten zu
kümmern
Wir müssen einander aufbauen und vielleicht wird
die Welt dann ein glücklicherer und besserer Ort
zum Leben

Vielleicht macht es dann Sinn, Kinder zu haben
So wie die Welt jetzt ist, sehe ich keinen Sinn
darin, ein Kind durch so viel Elend zu bringen,
ohne Hoffnung und ohne jemanden, der ihnen in
ihrer Zeit der Not beistehen kann

Restaurant angestellter

Wir lächeln den ganzen Tag
wir verausgaben uns, wenn es unsere Kunden
glücklich macht
Wir haben den ganzen Tag mit vielen unhöflichen
und gemeinen Menschen zu tun Wir werden
weniger bezahlt, als wir verdienen und wofür?
Um es noch einmal zu tun am nächsten Tag zur
Arbeit zu gehen, nur um beschimpft zu werden
und gesagt zu bekommen, wir seien zu dumm für
einen richtigen Job
Was sie nicht wissen, ist, dass man für diese Jobs
hier eigentlich zur Berufsschule gehen muss
Sie müssen tatsächlich einen Test bestehen,
nachdem Sie 3 Jahre lang gelernt haben Manche
machen diesen Job, weil sie ihn lieben
andere hatten zu diesem Zeitpunkt keine anderen
offenen Optionen
manche tun es immer noch, weil sie in kleinen
Momenten immer noch Freude finden Ich mache
das, weil Menschen in Not zu mir kommen
Ich mache es für das klein Geld, das ich bekomme
Ich mache es für die kleinen Momente, in denen
jemand lächelt und mir sagt, dass es köstlich war
Ich mache es für die 5 Minuten des Friedens, in
denen wir stehen und darüber reden, was getan
werden muss
Ich tue es für meine Chefs, Sie brauchen mich
Für die Chefs, die mir ihr Vertrauen schenken
Für meine Kunden, die täglich zu mir kommen
Wenn nicht aus diesen Gründen hätte ich
aufgehört, bevor ich überhaupt meinen Test

gemacht hätte

Wenn meine Freunde nicht gesagt hätten, ich solle dran bleiben, hätte ich aufgehört Wenn meine Familie es nicht geliebt hätte, wenn ich für sie gekocht oder ihnen etwas Neues gezeigt hätte, hätte ich aufgegeben

Also für diejenigen unter Ihnen, die nicht daran glauben, Trinkgelder zu geben, denken Sie daran ... Ohne uns müssten Sie selbst kochen, putzen und Ihr Essen selbst besorgen

Ohne uns müssten Sie Essen und Getränke kaufen und alleine herumtragen

Ihnen erscheinen wir vielleicht nicht beschäftigt oder intelligent Aber es gehört viel dazu, ein Restaurant zu führen

Alles in allem sollten uns die Menschen dankbarer sein, die sich bemühen, Ihnen mit diesen bescheidenen Aufgaben die Dinge zu erleichtern

Es sind nicht nur Menschen, die in Restaurants arbeiten Es sind diejenigen, die in Hotels arbeiten und sicherstellen, dass die Zimmer schön und sauber sind, damit Sie einen großartigen Aufenthalt haben können

Es sind die Leute, die in den Geschäften arbeiten und die Regale auffüllen, damit Sie ein schönes und entspanntes Einkaufserlebnis haben

Es sind die Menschen, die Zeit mit ihren Familien aufgeben, damit Sie mehr Zeit mit Ihren verbringen können

Es sind all die Menschen, an die Sie nicht einmal denken, die Stunden damit verbringen, die Welt zu einem besseren Ort für alle zu machen

Wann haben Sie sich das letzte Mal bei jemandem für seinen Dienst bedankt?

Wann haben Sie sich das letzte Mal bei jemandem
für seine Arbeit bedankt?

Ich verstehe, dass Sie das nicht machen muss,
aber manchmal würden sie es wirklich schätzen,
wenn jemand sie ansah und sagte: „Hey, danke,
dass Sie so einen wunderbaren Job machen. Ich
weiß, es ist nicht einfach, aber ich bin glücklich
und stolz, dass Sie das tun."

Ich weiß, dass ich es liebte, wenn meine Kunden
das zu mir sagten, und ich weiß, dass sie es auch
zu schätzen wissen werden

Seit wann?

Seit wann ist es in Ordnung, jemandem zu sagen, dass er an bestimmten Orten wegen seiner Größe nicht essen kann?
Seit wann ist es in Ordnung, jemandem zu sagen, er solle bestimmte Dinge nicht trinken, weil er fett ist?
Seit wann beschämen wir jemanden öffentlich, nur weil er ein Fremder ist?
Seit wann ist es in Ordnung, unhöflich und unausstehlich zu Menschen zu sein, die wir noch nie in unserem Leben gesehen oder getroffen haben?
Hat ihnen nie jemand beigebracht, andere so zu behandeln, wie sie selbst behandelt werden möchten?
Hat ihnen noch nie jemand gesagt, dass sie gar nichts sagen sollten, wenn sie nichts Nettes sagen können?
Wurde ihnen nicht beigebracht, freundlich zu sein?
Wurde ihnen nicht beigebracht, verständnisvoll zu sein?
Wurde ihnen nicht beigebracht, niemals jemanden zu verurteilen?
Seit wann bringen wir Kindern bei, dass es in Ordnung ist, ein Mobber zu sein?
Seit wann stehen wir daneben und schauen zu statt zu helfen?
Seit wann denken wir, dass es in Ordnung ist, andere schikanieren zu lassen?
Wann wird sich etwas ändern?

Wann werden sie besser?

Wie lange werden wir das so weitergehen lassen?

Wie viele junge Menschen müssen wir noch sterben lassen, bevor wir die Dinge vollständig verstehen und ändern können?

Wie viel mehr müssen wir den Druck der Menschen um uns herum ertragen, bis wir entscheiden, dass wir diejenigen sein werden, die alles ändern werden?

Wie lange wirst du noch stehen bleiben?

Wie lange willst du noch nichts tun?

Es ist an der Zeit, dass wir aufstehen und etwas gegen diese Mobber unternehmen Wir müssen der Ausgangspunkt sein, sonst wird sich nie etwas ändern

Wenn wir die Welt so weiterlaufen lassen, fürchte ich um die Zukunft der Menschheit Wir hören auf, uns umeinander zu kümmern und aufeinander aufzupassen

Wenn wir aufhören, uns darum zu kümmern, werden Kriege zu einem täglichen Ereignis

Wir kümmern uns nicht darum, wer stirbt oder wie

Wir verzichten darauf, irgendetwas zu fühlen, da es sich so angenehmer anfühlt

Es fühlt sich vielleicht besser an, aber die Welt wird dann langweilig und grau

Wir verlieren dass, was uns überhaupt erst menschlich macht

Warum also nicht nett, freundlich und fürsorglich sein, solange es noch geht?

Du weißt nie, was der Morgen bringt, also verschwende deine kostbare Zeit nicht mit falschen Gefühlen und erhelle die Welt für jemand

anderen.
Selbst wenn es nur ein Lächeln ist, das Sie einem
Fremden schenken, kann es für sie einen großen
Unterschied machen

Krieg

Warum werden Kriege begonnen?
Warum machen sie weiter?
Warum müssen wir unschuldige Seelen töten?
Warum mehr Waffen bauen, anstatt Lösungen zu
finden?
Warum alles noch schlimmer machen?
Warum nicht fragen und den Leuten geben, was
sie wollen?
Warum nicht Frieden statt Krieg?
Dieser Planet braucht keine Kriege oder
Blutvergießen mehr
Es wäre ein viel schönerer Ort zum Leben, wenn
wir zusammen statt gegeneinander stehen würden
Kinder könnten sorglos zur Schule gehen und
spielen, so wie es sich gehört
Es wäre besser, wenn Kinder nicht wüssten, was
wahrer Schmerz ist
Aber da Erwachsene Regeln aufstellen und
Kämpfe und Kriege beginnen die reinen Seelen
der Kinder werden schwarz vor Traurigkeit und
Schmerz
Sie beginnen langsam zu sehen, wie die Welt
wirklich ist
Sie verlieren das Licht aus den Augen
Sie verlieren ihre Reinheit und werden zu Seelen,
die nicht mehr gerettet werden können
Und warum?
Weil sie sehen, wie ihre Familien getötet werden
Weil Kriege ausbrechen
Weil Erwachsene eine Gelegenheit sehen, die
Kinder zu entführen und zu verkaufen Weil es

niemanden mehr interessiert
Denn die Welt ist zu einem dunklen Ort
geworden, an dem es keine Rettung gibt
Als Erwachsene, anstatt diese Kinder zu retten,
lassen wir es geschehen
Wir sagen, es ist weit weg von uns, also geht es
uns nichts an
Wir sagen, es ist nicht unser Land, also ist es nicht
unser Problem
Wir sagen uns, dass nichts passieren wird, solange
wir uns um unsere eigenen Angelegenheiten
kümmern
Wir gaukeln uns vor, dass nichts Schlimmes
passieren wird, solange wir wegsehen Was wir
nicht erkennen, ist, dass es in unserem eigenen
Hinterhof passiert und wenn wir es merken..... Es
ist zu spät
Viele Kinder auf der ganzen Welt werden
vermisst. In den USA sind es die kleinen
afroamerikanischen Mädchen, die vermisst
werden Die Eltern werden verrückt und wollen
ihre Kinder finden, aber ihre eigenen Landsleute
kümmern sich nicht darum, da es kein weißes
Kind war So schrecklich das klingt, so ist es in
vielen Ländern Das vermisste Kind gehörte einer
anderen ethnischen Gruppe an, so dass es die
Mehrheit nicht betrifft Bis es der Mehrheit
passiert, dann mischen sich alle ein Warum muss
es aber so weit kommen? Warum sehen wir nicht,
dass wir alle von Anfang an dabei sein sollten? Es
wird sich leider nichts ändern....... Kriege werden
ewig weitergehen Kinder werden für immer die
Sklaven der Gefühle der Erwachsenen sein Und
die Welt wird sich für immer weiterdrehen, egal

was passiert oder wer stirbt So ist die Welt leider
heute......

Wonach ich mich als Erwachsener sehne

Wenn die Tage länger werden und die kalte Luft
in warme übergeht Ich denke an die Tage, als ich
jung war
Ich denke an die 3 Monate, in denen ich zu Hause
geblieben bin
Ich denke an die warmen Tage
Ich denke an die Gewitter
Ich denke an das gefährliche Wetter
Ich denke an die lustigen Zeiten
Ich erinnere mich an den Gestank des Viehs, als
wir vorbeifuhren
Manchmal vermisse ich diese Tage
Ich vermisse es, ein naives Kind zu sein
Ich vermisse es, zu Hause zu bleiben und nichts
zu tun
Ich vermisse die Autofahrten
Ich vermisse es, keine Sorge oder Sorgen in der
Welt zu haben
Ich vermisse es, nicht an meinen Job denken zu
müssen
Ich vermisse es, mir keine Sorgen um Geld
machen zu müssen
Ich vermisse es, meine Familie nicht stolz machen
zu müssen
Ich musste nicht aufpassen, was ich sagte
Ich musste nicht aufpassen, wie ich mich benehme
Ich musste mir keine Gedanken darüber machen,
wie ich aussehe
Ich könnte Herumalbern, wenn ich wollte
Ich könnte einen faulen Tag haben

Ich könnte tun, was ich will Solange die
Hausarbeiten erledigt waren
solange das Haus sauber war
Solange meine Noten gut waren
Ich konnte alles tun, was ich wollte
Ich konnte sein, wer ich wollte
Ich konnte Spaß haben, wie ich wollte
Das vermisse ich am meisten am Kind sein
Als Erwachsener lernt man das, obwohl das Leben
scheiße sein kann oder das Leben manchmal
Zitronen gibt stattdessen was süßes
Ich benutze einen Granatwerfer, um die Zitronen
ins Gesicht von des Leben zu werfen
Mann lernt wie Sie damit um gehen, es zu
nehmen, wie es kommt
Dass Mann einfach immer weiter macht egal was
kommt
Also lass in einer Welt voller Erwachsene dein
inneres Kind nicht sterben lassen
Ihr Leben in vollen Zügen zu leben auch wenn es
bedeutet, dass du wie ein Idiot aussiehst
Nur diejenigen, die wirklich reinen Herzens hat,
werden sich mit Ihnen anfreunden Also lass deine
Kindheitstage nicht vergehen Machen Sie sie zu
einem Teil Ihres Erwachsenenlebens und geben
Sie niemals auf

Tägliche Gedanken

 Machen Sie das Beste aus dem heutigen Tag
Du weißt nie, wann es dein letztes sein wird und
wie du an den Toren der Hölle stehst Können Sie
wirklich sagen, dass Sie ein gutes Leben geführt
haben?
Sie sollten das Beste aus der Zeit machen, die Sie
haben
Geh raus, tue Gutes, sei du selbst sei nett zu
anderen
Habe Spaß
Hören Sie nicht auf Menschen, die nicht wissen,
wer Sie sind oder wer Sie sein wollen
Treffen Sie Entscheidungen, die Sie für richtig
halten
Lassen Sie sich nicht von anderen sagen, was Sie
tun müssen
Wir folgen unser ganzes Leben lang anderen
Aber wieso?
Wer hat uns gesagt, dass wir wie Lämmer folgen
müssen?
Wir alle sollten Alpha sein
Irgendwo auf dem Weg zwischen Kindheit und
Erwachsen sein Wir lernen zu folgen und nicht zu
führen
Es liegt an uns zu definieren, wer wir sind
Denn an unserem Tag des Gerichts stehen wir
allein da
Ich glaube, wir müssen jeden Tag so leben, als
wäre des sein letztes Tag
Denn wir sind unser eigenes Volk
Wir müssen uns selbst verändern, um unsere Welt

zu verändern
Anstatt gemein und unhöflich zu sein
Anstatt Trends zu folgen
Anstatt populären Überzeugungen und
Lebensstilen zu folgen
Finden Sie heraus, was für Sie am besten ist
Finden Sie heraus, was Sie am glücklichsten
macht
Auch wenn es um Geschirrspülen geht
Auch wenn es im Regen tanzt
Selbst wenn es geht davon zu träumen, etwas zu
tun, das Sie lieben, was andere missbilligen
könnten ...
Bleib standhaft
Sei du selbst Auch wenn die ganze Welt gegen
dich steht
Denn vielleicht gibt es jemanden, der Ihren Weg
mit Ihnen gehen möchte
Dieser wird mit dir gegen die Welt stehen oder
dich vielleicht beschützen wollen
Gib nicht auf, sei du selbst und kämpfe
Wenn nicht für dich selbst, dann für diese eine
Person, die so sein möchte wie du
Für diese eine Person, die Sie beschützen möchte
Für diese eine Person, die dich sieht und dir das
Beste wünscht Wenn das nicht hilft, dann denke
an die Menschen, die dich am meisten lieben, und
werde jemand, auf den sie absolut stolz sein
können

Zufällige Gedanken in dunklen Zeiten

Während wir sitzen und darauf warten, unser
einfaches Spiel zu spielen
Wir reden und essen alles gleich
Wir haben Spaß und trinken unsere
Lieblingssachen
Wir lachen und scherzen und warten weiter
Wir beobachten die Erwachsenen und alle Kinder
Wir merken, wie gut wir es eigentlich haben
Wir erkennen in all dem Schlechten, was vor sich
geht
Wir haben noch viel mehr Gutes
Als die Nacht zum Tag wird und weitere 100 uns
verlassen
Wir halten mit unserem täglichen Leben Schritt,
um den Glauben nicht zu verlieren Wir albern
herum und tun so, als würden wir es nicht sehen
Wir tun so, als hätten wir keine Angst
Wir geben vor, den Krieg nicht zu kennen
Aber in Wirklichkeit sehen wir
Wir hören
Wir erkennen alles an
Wir wissen um die steigenden Todesraten
Wir wissen um den Krieg, der weitergeht
Wir kennen die Kinder und Mütter, die nachts
weinen
Aber wir können nicht jedem helfen
 Wir können die Welt nicht retten
Wir können nur so viel tun
Deshalb machen wir weiter, als ob nichts wäre
denn wenn wir wirklich all das Schlechte sehen
und hören es wird zu einer lähmenden Depression,

die uns wahnsinnig macht
und wie wir nachts schlafen legten der Gedanke
kommt auf, was werden könnte wenn der Krieg
weitergeht, müssen wir vielleicht auch kämpfen
und viele bekommen Angst und fangen an,
irrational zu handeln
als eine Person, die sich Frieden wünscht Ich
mache mir auch Sorgen, was sein könnte
Ich schaue in den Himmel und bete dass der
Friede nahe sei und nicht der Tod
Ich bete für die Menschen und ihre Familien
Ich bete für die Seelen derer, die gegangen sind
Ich bete für die Seelen, die verloren gegangen
sind
Denn beten ist alles, was ich in den
unangenehmen und schweren Zeiten für diese
armen Menschen tun kann

Wo bist du?

Wenn der Tag zur Nacht wird, denke ich an dich
Ich frage mich wo du bist
Ich frage mich, was du tust
Ich frage mich, warum du nie mehr mit mir redest
Ich frage mich, was ich getan habe, um dich dazu
zu bringen, mich zu hassen
Ich denke an die Tage, an denen wir
ununterbrochen reden
Ich denke an unsere gemeinsame Schulzeit
Ich denke an die Zeiten, in denen wir gelacht
haben
Ich denke an die Zeiten, in denen wir geweint
haben
Ich denke an all die Male, in denen du mir
geholfen hast
Ich denke an all die Male, als ich zu dir gerannt
kam, als du mich brauchtest
Ich denke an all die Dinge, die wir getan haben
Ich denke an all unsere Erinnerungen
Langsam frage ich mich, ob du überhaupt noch
lebst
Hast du diesen Planeten verlassen?
warum wurde mir das nicht gesagt?
Habe ich etwas falsch gemacht?
Habe ich dir jemals gesagt, dass ich dich liebe?
Hättest du mir überhaupt eine Chance gegeben,
dich zu lieben?
wo ist was schief gelaufen?
Wenn ich die Vergangenheit ändern könnte, würde
ich nur unsere Freundschaft ändern
Ich möchte dich als meine Freundin und nicht nur

als eine Freundin
Ich würde dich zu tatsächlichen Terminen
mitnehmen
Ich würde dir Blumen kaufen
Ich würde dir Schokolade kaufen
Ich würde dir täglich sagen, dass ich dich liebe
Wir würden zusammen nach Deutschland ziehen
wir hätten unsere Haustierfamilie gegründet und
vielleicht eines Tages heiraten und Kinder
adoptieren
Wir würden dann zusammen alt werden, während
wir auf einer Veranda saßen, süßen Tee tranken
und uns an alte Zeiten erinnerten
dann würden wir zusammen sterben und würden
in unseren nächsten Leben zusammen sein aber
weil ich nicht weiß wo du bist und weil ich dir nie
gesagt habe, was ich haben wollte sind weit
voneinander entfernt
und werden uns nie wiedersehen
also als jemand, der ein Feigling war
Ich kann dir nicht einmal sagen, dass ich dich
vermisse und dich immer lieben werde Ich werde
dich für immer in meinem Herzen behalten
Ich werde für immer das Beste für dich wünschen

Wundernder Geist

Während ich wach in meiner Bett liege, denke ich
an viele Dinge
Ich frage mich, wie mein nächstes Leben aussehen
wird
Ich frage mich, ob ich immer so hart arbeiten
muss, wie ich es tue
Ich frage mich, ob ich für immer leiden muss
Ich frage mich, wie lange ich noch habe
Ich frage mich, wann endlich Frieden sein wird
Wir leben in einer Welt, die sich immer schneller
bewegt, aber niemand scheint es zu bemerken
Wir verbringen unsere Tage damit, immer wieder
die gleichen Dinge zu tun
nichts hat sich jemals verändert
Wir weigern uns zu sehen, was wirklich vor sich
geht
wir weigern uns zu sehen, was falsch ist
wir weigern uns, die Hilfeschreie zu hören
Wir weigern uns, uns zum Besseren zu verändern
und warum?
weil uns gesagt wird, dass nichts falsch ist
weil uns gesagt wird, wir sollen folgen und unsere
Köpfe unten halten
und wenn ich nachts wach liege und mich
wundere Ich denke an alle, die nicht in einem
warmen Bett schlafen können
Ich denke an all jene, die ständig Angst haben
Ich denke an diejenigen, die an der Tür des Todes
stehen
Ich denke an die, die sich in den Schlaf weinen

Ich denke an alle, die heute jemanden verloren
haben
Ich denke an all die, die auch nur daliegen und auf
den Morgen warten und als ich mein Haus
verlasse, wünsche ich mir, es wäre ein toller Tag
Ich werde daran erinnert, dass niemand an andere
denkt
Ich werde daran erinnert, dass niemand freundlich
ist
Ich werde daran erinnert, wie schmutzig die Welt
geworden ist
Ich werde daran erinnert, wie das Böse die Herzen
vieler Menschen erobert hat
Und wenn ich zur Arbeit oder nach Hause gehe,
werde ich wieder daran erinnert, wie allein ich bin
Niemand denkt so wie ich, noch werden sie es
jemals tun
Ich komme nach Hause und begrüße die
Einsamkeit, die zur Norm geworden ist
Ich erkenne die Tatsache an, dass ich niemals
wirklich geliebt werden kann
Ich bin darüber nicht traurig es interessiert mich
auch nicht, wie andere mich wahrnehmen
Ich wünsche mir nur wahren Frieden auf Erden
Aber da Menschen unfähig sind, andere zu lieben
da sie aus vergangenen Fehlern nicht lernen
können
Es wird nie wirklich Frieden auf Erden geben

Kurze Fahrt nach Hause

Wie ich im Bus sitze und betrunkenes Geplapper
höre
Ich denke mir, warum ist das normal?
Sie und Ihre Freunde sind mehr als betrunken
Die meisten werden wahrscheinlich bald
einschlafen
Und doch redest du mehr vom Feiern?
Wie? Mit welchem Geld?
Du wirst dich übergeben, und das ist eine
Verschwendung von gutem Schnaps und Geld
Warum also weitermachen?
Weißt du nicht, wann du aufhören sollst?
 Ist das wirklich der Normalfall?
Versuchen wir wirklich nicht, diese Leute
aufzuhalten?
Wissen sie, wie nervig sie sind?
Warum tun Menschen das?
Warum so handeln?
Was ist los mit allen?
Das sind die Momente, in denen ich die Menschen
weniger verstehe als je zuvor Muss das
weitergehen?
Wann werden sie ihren Fehler erkennen, wenn sie
so handeln und sich so verhalten, oder bin ich der
Einzige?
Ich kann nicht umhin zu denken, dass das dumm
ist
Ich verschwende nicht einmal meinen Atem
damit, ihnen zu sagen, dass sie nach Hause gehen
sollen
Ich halte mich immer davon ab, etwas zu sagen

Wieso den?
Weil ich mir Sorgen um meine Sicherheit mache
Ich mache mir Sorgen, dass sie aggressiv sein
könnten
Sie wollen mich vielleicht schlagen weil ich etwas
gesagt habe
Ich sitze still da und wünsche ihnen, dass sie bald
aussteigen
Ich wünsche mir, dass sie stattdessen nach Hause
gehen
Ich bete, dass sie andere nicht stören
Ich bete, dass sie sicher nach Hause kommen
Ich hoffe, dass nichts Schlimmes passiert
Und wenn doch, hoffe ich, dass die Polizei und
der Krankenwagen in der Nähe sind

Zufällige Liebesgedanken

Du bist der Mond
Ich bin nur ein einsamer Stern
Ich beobachte, wie du dich bewegst
Ich beobachte, wie du lächelst
Ich halte Abstand Ich hoffe, dass Sie mich eines
Tages bemerken werden
Aber leider Du wirst nie in meine Richtung
schauen
Denn während ich dich beobachte, siehst du
jemand anderen an
Du lächelst sie an
du winkst ihnen zu S
ie sind glücklich mit ihnen
Aber wie ich dich beobachte und in der
Dunkelheit bleibe Den anderen sehe ich auch Ich
sehe, dass er dich nicht so ansieht wie ich Ich
sehe,
wie er andere ansieht, aber dir Liebe ins Ohr
flüstert
Ich sehe, was er ist, aber da du ihn liebst, mache
ich mir keine Sorgen
Weil ich es weiß......
Egal wie sehr du jemanden liebst, er wird dich
nicht immer zurück lieben
Ich weiß auch, dass ich dich beschützen kann und
das ist, was ich tue
Wenn Sie also verletzt werden, können Sie sich
immer auf mich verlassen
Ich werde für immer dein Ritter in glänzender
Rüstung sein

Ich werde deine Schulter sein
Ich werde dein Licht in den dunklen Stunden sein
Ich helfe Ihnen, Ihren Weg zu finden
Ich werde immer auf dich warten
denn egal was Meine Liebe zu dir wird immer
stärker sein als alle anderen
Ich werde dich lieben, egal was du tust
Ich werde dich lieben, egal was passiert
Ich werde dich lieben, egal wie oft du mein Herz
brichst
Also werde ich geduldig warten, bis du mich auch
lieben kannst
Auch wenn ich mehrere Leben warten muss
Auch wenn ich erst die Welt um uns herum
verbrennen muss
Auch wenn die Götter auf die Erde kommen, um
mein Herz und meine Seele zu zerreißen Meine
Liebe zu dir wird unverändert bleiben
Du bist mein Seelenverwandter Und egal was ich
werde für immer dein sein

Was kostet es?

Es kostet nichts, freundlich zu sein
Es kostet nichts, nett zu sein
Es kostet nichts, für das Alte einzustehen
Es kostet nichts, für das einzustehen, woran man
glaubt
Es kostet nichts, ein anständiger Mensch zu sein
Es kostet nichts, sich an seine Manieren zu
erinnern
Es kostet nichts, Menschen in Not zu helfen
Es kostet nichts, den Geschichten älterer
Menschen zuzuhören
Warum fällt es also allen so schwer, ein
anständiger Mensch zu sein?
Warum vergessen so viele ihre Manieren?
Warum gilt die Goldene Regel nicht mehr für
Erwachsene und wird nicht mehr gelehrt?
Warum ist es nicht mehr selbstverständlich,
andere mit Respekt zu behandeln?
Ich wünschte, die Dinge würden wieder so, wie
sie sein sollten
Ich wünschte, dass alle auf der Erde Freunde sein
könnten
Ich wünschte, alle könnten ohne Vorurteile
miteinander auskommen
Ich wünschte, es gäbe keinen Rassismus
Ich wünschte, es würde nicht gelehrt wie Mann
nur auf des äußeres von ein Mensch zu schauen
Ich wünschte, die Leute würden wieder so tun, als
würden sie sich mehr um das Innere einer Person
kümmern

Ich wünschte, die Leute würden nicht andere
beleidigen nur so dass sie sich besser fühlen
Deshalb müssen wir Kindern sagen, dass sie nicht
so sein sollen
Dass es in Ordnung ist, mit allen befreundet zu
sein
Dass nichts wirklich zählt, wenn es darum geht,
Freunde zu finden oder wenn es um die Liebe
geht
Nur dann haben wir Frieden auf Erden
erst dann wird alles wieder so wie es war
Nur dann werden Kinder aufhören, aus dummen
Gründen zu sterben
Nur dann wird die Welt endlich einen Tag haben,
an dem niemand stirbt
Nur dann wird ich des Gefühl haben des alles
wieder in Ordnung ist bei die Menschen
Nur dann vertraue ich anderen Menschen und
habe das Gefühl, dass es für mich in Ordnung ist,
draußen zu sein

Geburtstage

Warum hören wir auf, Geburtstage zu feiern,
nachdem wir erwachsen geworden sind? Als
Kinder feiern wir jedes Jahr bis zum 18.
Lebensjahr und dann hören wir auf aber wieso?
Liegt es daran, dass wir Angst vor dem Alter
bekommen?
Ist es, weil die Leute aufhören, sich zu kümmern?
Ist es, weil wir es nicht mehr nötig finden?
Ich glaube, wir sollten nicht nur jedes Jahr feiern,
sondern auch jeden Tag
wir wissen nie, was morgen passieren kann
Sie könnten morgen sterben
Sie könnten einen lieben Freund verlieren
Sie könnten Familienmitglieder verlieren
alles konnte im Handumdrehen passieren
Deshalb sollte man das Leben feiern
und selbst wenn ein geliebter Mensch stirbt
Du solltest ihr Leben feiern und du solltest ihren
Tod feiern
denn auch im Tod bleiben sie bei dir
also raus habe Spaß
zelebrieren und für immer dem treu bleiben, der
du bist
Vergiss niemals die Menschen, die du verloren
hast
Vergiss nicht, denjenigen, die dir wichtig sind, zu
sagen, dass du sie liebst
Nehmen Sie keinen einzigen Tag für
selbstverständlich
Denken Sie immer daran, wer Sie sind und woher
Sie kommen

Bleib liebevoll
Bleiben Sie hoffnungsvoll
Jemanden umarmen
Und sei für Fremde genauso liebevoll und
fürsorglich wie für Freunde
Vielleicht finden Sie dabei einfach neue Freunde
Oder vielleicht sogar neue Familienmitglieder
finden
Denn irgendwann waren sogar deine Eltern und
Freunde Fremde
Denken Sie daran, wenn Sie einen weiteren Tag
und ein weiteres Jahr feiern, das Sie mit Ihren
Lieben verbringen können

Neue Anfänge

Wie die meisten wissen, ist der Frühling als
Zeichen gemeint
Es ist ein Zeichen der Wiedergeburt
Es ist ein Zeichen für Neuanfänge
Es ist ein Zeichen dafür, dass neue Dinge kommen
werden
Wir können neu erschaffen, wer wir sind
Wir können die Dinge ändern, die wir an uns
selbst nicht mögen
Wir können jemand besser werden
wir können den Job wechseln und glücklicher
werden
Wir können unsere Wege ändern und sehen, was
das Leben für uns bereithält
Der Frühling ist die beste Zeit für alle
Veränderungen
Der Frühling bringt neues Leben
Der Frühling bringt die Bäume wieder bunt
Der Frühling lässt die Welt heller erscheinen
Der Frühling bringt uns die sonnigen Tage
Der Frühling bringt etwas längere Tage zurück
Der Frühling bringt eine sanfte Wärme zurück
Wenn Sie also Änderungen in Betracht ziehen,
wählen Sie am besten den Frühling
Es zeigt uns ein Licht
Es zeigt uns einen besseren Weg
 Es zeigt uns eine glücklichere Zeit
Es wird uns manchmal zeigen, wie neues Leben
entsteht

Es wird uns zeigen, wie ein altes Leben verlaufen kann
Der Frühling kann Ihnen die Dinge zeigen, die Sie vielleicht vergessen haben
Der Frühling ist die Zeit der neuen Segnungen
Also sei gesegnet
Sei glücklich und werde das Beste, was du sein kannst
Freuen Sie sich auf die Zukunft und halten Sie den Kopf hoch
Bleiben Sie demütig bei allem, was Sie tun
Danke den Freunden, die du verloren hast und denen, die du gewonnen hast I
m Frühling geht es nicht nur um Neuanfänge
Es geht darum, die Dinge zu ändern, die geändert werden müssen

Entgangene Gedanken

Manchmal denke ich, ich habe einen Drachen
mein Drache sitzt auf meiner Schulter
Er frisst meine Gedanken
Er isst die Worte, die ich sprechen möchte
Er macht mich nervös und ich stolpere über meine
Worte
Er gibt mir das Gefühl, ein Idiot zu sein
Er gibt mir das Gefühl, langsam verrückt zu
werden
Er lässt mich nie klar denken
Er tut immer nur, was ihm gefällt und unterbricht
meine Gedanken, wenn ich ernsthaft nachdenken
muss
 In meinen wichtigsten Momenten schlägt er mich
mit seinem Schwanz und ich verliere die
Konzentration
Er wird mir in angenehmen Nächten Alpträume
bereiten
Er wird meinen Seelenfrieden mit zufälligen
Dingen stören
Er hält mich bis in die Nacht wach
Er flüstert Dinge, die mich denken lassen, wann
ich schlafen sollte
Er macht es schwer, konzentriert zu bleiben
Dieser Drache tut, was er will, wann er will
Er gibt keine Warnung
Er lässt dich nie gehen, wenn er dich hat
Er ernährt sich von meinem Elend
Er ernährt sich von meiner Ablenkung
Er ernährt sich von den unangenehmen Gedanken,

die er mir gibt
Er ernährt sich von der Energie, die ich einmal
hatte
Er macht mir ein furchtbares Gefühl An manchen
Tagen besiege ich ihn
An den meisten Tagen besiegt er mich
Dann stehe ich auf, schärfe mein Schwert und
versuche es noch einmal denn eines Tages werde
ich ihn so schlagen, dass er nicht mehr
zurückkommt
Eines Tages werde ich der Herr über den Drachen
sein und ihn schicken, um jemand anderen zu
belästigen
Eines Tages werden wir alle unsere Drachen
besiegt haben und Meister unserer eigenen
Gedanken werden
Das wird der Tag sein, an dem wir alle endlich
mindestens einen Moment der Ruhe haben werden

Manche Tage

Manche Tage können grau und traurig sein
Manche Tage können sonnig und wunderbar sein
An den Tagen, an denen die Sonne verschwindet,
neigen wir dazu, mürrisch zu sein Es sind diese
dunklen und trostlosen Tage Wo man denkt, es
könnte regnen oder stürmen Wo die Sonne noch
nicht den ganzen Tag zu sehen ist
An diesen Tagen erinnere ich mich an die wahre
Schönheit der Natur
Auch an diesen düsteren Tagen Die grünen Blätter
gegen den dunklen Himmel werden heller
Also, wenn du einen dunklen Tag in dir hast
Denken Sie an die grünen Blätter Erinnere dich an
die strahlende Sonne
Denken Sie daran, wer Ihre Freunde sind
Denken Sie daran, dass Sie nicht allein sind Rufen
Sie Ihre Freunde an und sprechen Sie mit ihnen
An unseren dunkelsten Tagen finden wir heraus,
wer echte Freunde sind
Sie bringen dir Freude
Sie bringen dich zum Lachen
Sie sprechen eine Weile mit dir
Sie lassen Sie an die lustigen Zeiten denken
Sie erinnern an die Sonne Sie erinnern dich daran,
dass die Dunkelheit vergehen wird Sie erinnern
dich daran, dass sie es auch schwer haben
Sie helfen dir, es zu überstehen
Also, wenn du wirklich am Boden bist und nicht
aufstehen kannst
wenn du keine Freunde hast, auf die du dich
verlassen kannst

Denken Sie an die Sprossen, die an den Bäumen
wachsen
Schwelgen Sie nicht in Mitleid
Bleiben Sie nicht traurig
Denn die Sonne kommt bald wieder
Es wird immer besser, solange Sie es wünschen
Denn auch wenn es draußen stockfinster ist,
wissen wir alle, dass morgens die Sonne wieder
aufgehen wird
Lassen Sie sich niemals von Ihren Gedanken so
beherrschen, dass Sie aufgeben Kämpfe weiter
und wachse
Und nie vergessen
Was dich nicht umbringt, wird dich stärker
machen

Egal

Wir arbeiten uns bis auf die Knochen
Wir bemühen uns so sehr
Wir werden verletzt
Wir werden überarbeitet
Wir werden von Kollegen gemobbt
Wir werden herumgeschubst
Und wofür?
Um uns fast umzubringen
Um Verletzungen zu bekommen, denn wir uns
nicht erholen können
Um oft krank zu werden
Am Ende gesagt zu werden, ist nicht genug
Zu hören, dass wir nicht gut genug sind
Um zu sagen, dass wir mehr tun müssen
Am Ende habe ich gelernt, dass es keine Rolle
spielt
Egal wie hart ich arbeite
Egal wie viele Stunden ich investiert habe
Egal wie viele Knochen ich breche
Egal wie perfekt ich meine Arbeit mache
Egal wie hilfreich ich bin
Egal wie nett ich bin Egal wie oft ich meine
Vorgehensweise ändere
Egal, was ich tue
Egal was passiert
Egal was jemand sagt
Egal wie oft uns die Chefs sagen, dass es uns gut
geht
Es wird nie genug sein
Also anstatt sich für wertlose Menschen

umzubringen
Anstatt sich selbst zu verprügeln
Anstatt Ihr Vertrauen zu verlieren
Anstatt Ihren Glanz zu verlieren
Anstatt in einer Position zu bleiben, in der Sie
unbeachtet bleiben
Anstatt sich herumschubsen zu lassen
Anstatt sich von anderen vorschreiben zu lassen,
wie man sich selbst sieht
Anstatt sich von anderen sagen zu lassen, wie man
sich fühlen sollte
Verlasse diesen Job
Lass diese Leute
Lassen Sie all diese Negativität an diesem Ort
denn wenn du bleibst, bist du selbst schuld
Du bist mehr wert als irgendein Job
Du bist hell,Du bist schön, Du bist unglaublich,
Und lass dir auf keinen Fall etwas anderes
einreden

Lebendige Stadt

Ein sonniger Tag in einer Großstadt
Die große Menschenmenge lässt mich denken,
dass alle in der Innenstadt sind
Sie gehen einkaufen
Sie gehen trinken
Sie halten irgendwo an, um einen kleinen Snack
zu sich zu nehmen
Sie genießen ihren Nachmittag in der Sonne
Sie gehen in ihr Lieblingscafé
Einige sind voller Energie und glücklich
Andere sind gestresst und frustriert
In all den Jahren habe ich Menschen an mir
vorbeigehen sehen
Mir ist etwas aufgefallen, was sie alle gemeinsam
haben
Fast jeder ist glücklicher, wenn die Sonne scheint
Sie werden Leute lachen hören
Sie werden Menschen sehen, die essen und jede
Sekunde Sonne genießen, die sie bekommen
können
Deutschland hat mehr Regentage als Sonnentage
Und so lieben die Menschen die Sonne mehr als
die meisten anderen
Fast jeder ist von seinem täglichen Leben
gestresst
Aber in diesen wenigen Minuten vergessen sie
alles
Also mein Rat an alle Werde jemandes Sonne,
wenn sie unten scheinen
Lass dir nicht von anderen vorschreiben, wie toll

dein Tag wird

Lass dich nicht von anderen runter ziehen, nur
weil sie nicht glücklich sind

Helfen Sie ihnen, einen besseren Tag zu haben

Denn wenn du jemand anderem hilfst

Ihr Tag wird einfach so viel besser

An sich selbst glauben

Bleiben Sie großartig

Bleiben sie so wie sie sind

Sei immer sie selber, sei des was sie immer sein
wollte

Sei wie die Sonne, und Strahle so stark das jeder
genau so sein wollen wie sie

Lernen Sie für die Zukunft

Die Vergangenheit ist für uns da, um zu lernen
Es lehrt uns, was wir nicht tun sollten
Es soll ein Mittel sein, um besser zu werden
Es soll uns helfen, bessere Antworten auf die
gleichen Probleme zu finden, die wir früher hatten
Als ich allein sitze, dämmert mir ein Gedanke
Die Menschen haben noch nicht aus der
Vergangenheit gelernt
Wir haben immer noch sinnlose Kriege
Wir haben immer noch Hass
Wir haben immer noch Vorurteile
Nichts hat sich verändert
Nichts wird es jemals, wenn wir nicht Stellung
beziehen
Wir müssen mutig werden
Wir müssen uns gegen andere behaupten
Wir müssen diese sinnlosen Kriege beenden
Wir müssen den sinnlosen Hass stoppen
Wir müssen aufhören, Vorurteile zu ziehen über
andere Menschen
Wir müssen aufhören, andere für unsere eigenen
Probleme verantwortlich zu machen Wir müssen
aufhören, andere für unsere eigenen Fehler
verantwortlich zu machen Denn wenn wir das
nicht tun, bleiben wir so wie wir sind
Die Welt wird keine Zukunft haben
Die Welt wird für ihre Dämonen verloren gehen
Die Welt wird ein schwarzer Ort
Die Welt wird als Ganzes aufhören zu existieren
Die Menschen werden unwissend bleiben Sie

werden für immer ein Problem sein
Es sei denn, wir fangen an, uns zu ändern
Es sei denn, wir werden klüger
Es sei denn, wir hören auf, gierig zu sein
Es sei denn, wir hören mit sinnlosem Teig auf
Es sei denn, wir hören auf, aggressiv zu sein
Es sei denn, wir sehen ein Ende unserer eigenen
Kleinigkeiten
Nichts wird sich verändern
Die Welt wird ein dunkler und düsterer Ort
bleiben
Es wird für immer der letzte Ort sein, den sich die
meisten wünschen werden
Es wird ein Ort werden, an dem nur Horror
bekannt sein wird
Es wird alles verlieren, was es fantastisch macht
Es wird sein Licht noch mehr verlieren
Alles, was übrig bleibt, ist eine schwarze Kugel,
die im Weltraum schwebt
Und die Menschen werden als die Spezies
bekannt werden, die ihren einzigen Lebensraum
zerstört hat

Magie und Hexen

Ich dachte immer, Magie sei unmöglich
Ich dachte, das sollte man nicht lernen
Ich dachte, es wäre nur etwas für Leute, deren
Vorfahren Hexen waren
Ich lag falsch
Ich weiß es jetzt besser
Es ist eine Lebensweise
Es ist eine Religion
Es ist etwas Erstaunliches
Es ist etwas Wunderbares
Wie ich tiefer grabe
Wie ich mehr herausfinde
Da finde ich andere, die genauso interessiert sind
wie ich
Wir führen mehr Gespräche
Wir diskutieren mehr
Wir lernen viel zusammen
Wir erfahren mehr
Wir haben Spaß
Wir haben eine tolle Zeit
Und wenn die Feiertage kommen, finden wir mehr
heraus
Wir erfahren, warum Hexen wirklich gejagt
wurden
Wir finden heraus, dass immer noch Menschen
gejagt werden
Wir werden misstrauisch gegenüber anderen
Wir fangen an, weniger zu reden
Wir fangen an, uns wieder zu verstecken
Dann frage ich warum?

Warum so weitermachen lassen?
Wir brechen keine Gesetze
Wir schaden niemandem und nichts
Wir schaden der Umwelt nicht
Warum sollten wir uns verstecken?
Liegt es an Vorurteilen?
Liegt es daran, dass wir viele Götter haben und
nicht nur den einen?
Liegt es daran, dass wir uns selbst heilen können,
ohne Chemikalien zu verwenden? Liegt es daran,
dass wir Medikamente ohne den Einsatz moderner
Technologie herstellen können?
Warum sehen die Leute nicht, dass wir alle gleich
sind?
Warum beurteilen wir jemanden nach dem, was er
glaubt oder nach seiner Hautfarbe? Warum ist die
Welt so geworden?
Ich sitze da und denke über diese Gedanken nach
Ich lasse meine Gedanken abschweifen, während
ich meditiere
Ich finde keine Antwort Ich frage andere, aber
niemand kann eine definitive Antwort geben
Ich glaube, weil es das ist, was die Regierung und
die religiösen Führer wollen
Es ist so, dass wir niemals wirklich frei sein
können
Es ist so, dass wir uns niemals gemeinsam gegen
ein gemeinsames Übel erheben können
Es ist so, dass sie für immer Mauern sein werden,
die Menschen niemals überwinden können